Den Himmel in die Erde gesät

Ausgewählte Texte von Karl Rahner
mit Bildern zur Passion
aus dem Altar
der Pfarrkirche St. Georg
in Freiburg

Christophorus-Verlag • Freiburg im Breisgau

Herr Jesus Christus, Sohn des lebendigen Gottes, wahrhaft Gott, wahrhaft Mensch, einer in der Einheit der Person und in der ungeteilten und unvermischten Zweiheit der Naturen, wir beten dich an, denn du bist wahrhaft hier mitten unter uns zugegen.

Jesu Einzug in Jerusalem

Als er in Jerusalem einzog, geriet die ganze Stadt in Aufregung, und man fragte: Wer ist das? Die Leute sagten: Das ist der Prophet Jesus von Nazaret in Galiläa. Mt 21,10–11

Was geschieht, wenn wir Eucharistie feiern? Die schlichte Antwort heißt: Das Abendmahl des Herrn, das er gefeiert hat als den Beginn seiner Passion, wird unter uns und für uns Gegenwart.
In jener Stunde nahm Jesus seinen Tod als seine Übereignung an Gott und so als die Erlösung der Welt an.

Das Abendmahl

Und während sie aßen, sprach er: Amen, ich sage euch: Einer von euch wird mich verraten und ausliefern.
Mt 26,21

Das sind die eigentlichen „heiligen Stunden" meines Lebens, die Stunden, in denen deine Gnade in meinem Herzen mich geheimnisvoll hineinzieht in deine Ölbergnot. Wenn sie aber über mich kommen, diese Stunden, dann erbarme dich meiner, o Herr.

Das Gebet in Getsemani

Und er … warf sich zu Boden und betete: Mein Vater, wenn es möglich ist, gehe dieser Kelch an mir vorüber … Und er ging zu den Jüngern zurück und fand sie schlafend.
Mt 26, 39–40

Als der sich in den Tod für sie Weihende steht der Herr vor seinen Jüngern. Es fehlt nur noch eines: daß dieses Ereignis des lebendigmachenden Todes wirklich und wahrhaftig eindringt in die innerste Daseinsmitte jedes dieser Jünger.

Die Gefangennahme

Doch einer von den Begleitern Jesu zog sein Schwert, schlug auf den Diener des Hohenpriesters ein und hieb ihm ein Ohr ab. Da sagte Jesus zu ihm: Steck dein Schwert in die Scheide; denn alle, die zum Schwert greifen, werden durch das Schwert umkommen.
Mt 26,51–52

Ich will meinen Geist und mein Herz öffnen für die Betrachtung deines heiligen Leidens. Deine Gnade stehe mir bei, daß ich die Stumpfheit und Gleichgültigkeit meines Herzens abschüttle, daß ich wenigstens für eine halbe Stunde meinen Alltag vergesse, damit meine Liebe, meine Reue und Dankbarkeit bei dir verweilen.

Das Verhör vor dem Hohen Rat

Jesus aber schwieg. Da sagte der Hohepriester zu ihm: Ich beschwöre dich bei dem lebendigen Gott, sag uns: Bist du der Messias, der Sohn Gottes? Jesus antwortete: Du hast es gesagt.
Mt 26, 63–64

Darf ein Mensch einen anderen so zu Tode quälen? Mit Lüge, Gemeinheit, Verrat, Heuchelei und Tücke so zu Tode quälen und dabei noch den Schein des Rechtes für sich haben und die Miene des Unschuldigen und die Pose des sachlichen Richters?

Die Verhandlung vor Pilatus

Als Pilatus sah, daß er nichts erreichte, sondern daß der Tumult immer größer wurde, ließ er Wasser bringen, wusch sich vor allen Leuten die Hände und sagte: Ich bin unschuldig am Blut dieses Menschen.
Mt 27,24

Betrachten wir die Opfergesinnung Jesu. Es war also ein Wille zur Not, zum Kelch der Bitterkeit, zum Untergang, weil Gott gerade durch solche freiwillige Übernahme des Leidens verherrlicht werden wollte.

Die Geißelung

Darauf ließ Pilatus Barabbas frei und gab den Befehl, Jesus zu geißeln und zu kreuzigen.
Mt 27,26

Vom Menschen her gesehen kann aber nichts mehr als solche Aufgabe eigener Behauptung Ausdruck dafür sein, daß alles Heil von Gott kommt, daß der Mensch nicht in Erhöhung seines eigenen Selbst den Gott finden kann.

Die Verspottung Jesu

Und sie spuckten ihn an, nahmen ihm den Stock wieder weg und schlugen ihm damit auf den Kopf.
Mt 27,30

Die Wunden brennen in deinem Leib. Die Dornenkrone martert dein Haupt. In deinen Augen schwimmt das Blut. Und deine Seele ist ein Meer von Trauer, Schmerz und Hoffnungslosigkeit.

Das Schweißtuch der Veronika

Veronika erhob sich eilends ..., ergriff ihren Schleier und stürzte auf die Straße. Bei unserem Heiland angekommen, von dessen Angesicht Schweiß und Blut strömten, wischte sie sein Antlitz mit ihrem Schleier ab. Der Heiland gewährte Veronika als kostbares Geschenk sein Bildnis, aufgedrückt auf den Schleier.
Aus der Veronikalegende

Er hat den Tod angenommen; also muß dieser mehr sein als der Untergang in leere Sinnlosigkeit. Er hat die Gottverlassenheit angenommen; also ist Gott nahe auch dort, wo wir von ihm uns verlassen meinen.

Der Tod Jesu

Jesus aber schrie noch einmal laut auf. Dann hauchte er den Geist aus.
Mt 27,50

J.N.R.J.

Wenn wir hinknien unter das Kreuz, wenn wir da beten: Herr, ich glaube, hilf meinem Unglauben, dann – o Wunder der Gnade – können wir glauben, daß alles angenommen und alles erlöst ist.

Unter dem Kreuz

Als der Hauptmann und die Männer, die mit ihm zusammen Jesus bewachten, sahen, was geschah, erschraken sie sehr und sagten: Wahrhaftig, das war Gottes Sohn!
Mt 27,54

Tod ist Tod. Er hat darauf verzichtet, dabei heroisch zu sein. Die um ihn waren, haben ihm darum den Tod nicht leichter gemacht, weder die einen, die wir seine Feinde nennen, noch die anderen, die ihm, weil er es fertigbrachte, an sie noch im Tod liebend zu denken, das Sterben noch schwerer machten.

Kreuzabnahme

Danach bat Josef von Arimatäa … den Pilatus, daß er den Leichnam Jesu abnehmen dürfe. Und Pilatus erlaubte es. Sie kamen also und nahmen seinen Leichnam ab.
Joh 19,38

Weil er gestorben ist, gehört er erst recht dieser Erde. Denn wenn der Leib eines Menschen in das Grab der Erde gebettet wird, geht der Mensch erst recht die endgültige Einheit ein mit jenem geheimnisvollen einen Grund, in den alle raum-zeitlichen Dinge zusammengeknotet sind und wie aus einer Wurzel leben.

Das Begräbnis Jesu

Sie nahmen nun den Leichnam Jesu und banden ihn samt Spezereien mit Leinenbinden, wie es bei den Juden Begräbnissitte war. Es war aber an dem Ort, wo er gekreuzigt worden war, ein Garten und in dem Garten ein neues Grab, in dem noch niemand bestattet worden war. Dorthin nun legten sie Jesus.
Joh 19,40–42

Seine Auferstehung ist wie das erste Ausbrechen eines Vulkans, das zeigt, daß im Inneren der Welt schon das Feuer Gottes brennt, das alles zum seligen Glühen in seinem Lichte bringen wird. Er ist auferstanden, um zu zeigen: es hat schon etwas begonnen.

Die Auferstehung

Jesus sagte zu Maria: Geh zu den Brüdern und sage ihnen: Ich steige hinauf zu meinem Vater und eurem Vater, meinem Gott und eurem Gott.
Joh 20,17

Der Flügelaltar von St. Georg und sein Zwillingsbruder im Elsaß

Viele Besucher der Pfarrkirche St. Georg im Südwesten von Freiburg sind erstaunt über den schönen, holzgeschnitzten Flügelaltar, der von der Chormitte aus den ganzen Kirchenraum beherrscht; sie fragen interessiert nach dem Meister dieses Meisterwerkes im spätgotischen Stil. In der Tat ist die Herkunft des Altars außergewöhnlich.

Jahrzehnte nach dem Bau der St.-Georgs-Kirche (1866–1869) fehlte noch immer ein adäquater Hochaltar. Auf Bitten des damaligen Pfarrers Kaspar Lorch stimmte die Kirchenbehörde einer Neuanschaffung zu. Der Erzbischöfliche Baudirektor Max Meckel schlug schließlich vor: „Für das Altarwerk sollen die genauen Kopien der prächtigen Figurengruppen des spätgotischen Flügelaltars in der Pfarrkirche in Kaysersberg im Elsaß verwendet werden."

Der Altar der Pfarrkirche Hl. Kreuz in Kaysersberg mit seinen 18 holzgeschnitzten Bildfeldern ist ein Werk des Colmarer Bildhauers Hans Bongart(z) aus dem Jahre 1518. Über einer dreiteiligen Zwölfbotendarstellung in der Predella entwickeln sich in zwei Reihen übereinander die Szenen vom Einzug Jesu in Jerusalem bis zur Auferstehung. Die Eckaufsätze tragen Darstellungen von der Erscheinung des Auferstandenen vor Maria Magdalena und dem Apostel Thomas. Die Anregungen zu den einzelnen Motiven bezog Bongart neben anderen Quellen aus Stichen von Martin Schongauer.

Nachdem der Kaysersberger Kirchenvorstand diesem Unternehmen zugestimmt hatte, erhielt der Freiburger Bildhauer Josef Dettlinger den Auftrag, den Altar zu kopieren. An Ort und Stelle schnitzte Dettlinger im Jahre 1896 das Werk Bongarts getreu nach. Unterstützt von drei Gehilfen, hatte er in vier Monaten seine Arbeit vollendet. In Freiburg wurden dann von Carl Schilling farbige Fassung und Vergoldung angebracht und von Karl Motsch der Schrein angefertigt. Wenn auch nur Kopie, so ist aus dem Zusammenspiel von Idee und Fertigkeit doch ein neues sakrales Meisterwerk mit starker Ausdruckskraft entstanden.

Die Pfarrgemeinde St. Georg ist dankbar, einen Altar zu besitzen, der mit seinem Zwillingsbruder im Elsaß über Jahrhunderte hinweg den Menschen die tröstende Botschaft vom Tod und der Auferstehung Jesu Christi verkündet.

Freiburg, im November 1985

Wolfgang Auer, Pfarrer

Textnachweis:
S. 2, 6, 10, 12, 18:
aus: Karl Rahner, Heilige Stunde und Passionsandacht. Verlag Herder, Freiburg, 4. Aufl. 1965 (vergriffen)
S. 4, 8:
aus: Karl Rahner, Über die sieben Sakramente. Meditationen. Verlag Herder, Freiburg 1985
S. 14, 16, 20, 22, 24, 26, 28:
aus: Rechenschaft des Glaubens. Karl-Rahner-Lesebuch. Hg. v. Karl Lehmann und Albert Raffelt. Verlag Herder, Freiburg, 2., durchges. u. verb. Aufl. 1982

Die Textauswahl besorgte dankenswerterweise Herr Horst Rummel, Freiburg.
Für die Bereitstellung der Bildvorlagen dankt der Verlag Herrn Wolfgang Müller, Oberried b. Freiburg.

CIP-Kurztitelaufnahme der Deutschen Bibliothek:

Rahner, Karl:
Den Himmel in die Erde gesät: ausgew. Texte mit Bildern zur Passion aus d. Altar d. Pfarrkirche St. Georg in Freiburg/von Karl Rahner. – Freiburg im Breisgau: Christophorus-Verlag, 1986
(Geschenkhefte)
ISBN 3-419-52997-X

Reproduktionen: H. & H. Schaufler, Freiburg
Gesamtherstellung: Freiburger Graphische Betriebe 1986